스스로

급수 한자

한자어 쓰고 어휘력 잡고

7급 · 따라쓰기

스쿨존에듀
SCHOOLZONE

스스로 급수한자 따라쓰기 7급

ISBN 979-11-92878-04-1 63700

초판 1쇄 펴낸날 2023년 1월 30일

펴낸이 정혜옥 ‖ 기획 컨텐츠연구소 수(秀)
표지디자인 book design **twoesdesign.com** ‖ 내지디자인 이지숙
마케팅 최문섭 ‖ 편집 연유나, 이은정

펴낸곳 스쿨존에듀
출판등록 2021년 3월 4일 제 2021-000013호
주소 04779 서울시 성동구 뚝섬로 1나길 5(헤이그라운드) 7층
전화 02)929-8153 ‖ 팩스 02)929-8164
E-mail **goodinfobooks@naver.com**

이렇게 활용해요

1. 큰 소리로 읽으며 써 보아요

묵묵히 쓰기보다는 소리 내어 읽는 것이 기억하는 데 훨씬 도움이 됩니다.

2. 쓰기 획수를 먼저 살펴보고 따라 써요

어떻게 쓰는지 쓰기 순서를 잘 보고 따라 써 보세요. 쓰는 순서가
다르면 제대로 쓴다고 할 수 없어요.

3. 하루 한 페이지 혹은 두 페이지, 목표를 정하고 완벽히 소화해요

하루 한 페이지씩 무작정 따라 쓰다 보면 7급 신출한자 50자가 스르륵 내 품 안에!

4. 한자의 관계를 생각하며 익혀요

7급 신출한자 50자를 주제별로 묶어 놓았어요. 알고리즘식 구성이
라 차례대로 공부하면 기억하기에도 좋아요.

5. 쓰기 한자 밑의 단어를 활용해요

쓰기 한자 밑의 단어는 하나의 한자를 익히는 데 도움이 될 거예요.
써 보지 못한 한자가 나와서 어렵다면 일단 읽기만 하고 한 권을 다
끝낼 즈음 다시 단어들만 써 보는 방법도 있답니다.

그림처럼 보이는 한자, 어떻게 써야 할지 막막하죠? 한자를 쓰는 데도 규칙이 있어요. 이를 필순이라고 해요. 한자를 쓰는 기본적인 순서는 다음과 같아요.

1 위 먼저 쓰고 아래는 나중에 써요

예) 一 二 三 석 삼

2 왼쪽에서 오른쪽으로 써요

예) 丿 丿丨 川 내 천

3 세로획을 먼저 써요

예) 丿 刀 月 月 달 월

4 가운데 획을 먼저, 삐침을 나중에 써요

예) 丨 小 小 작을 소

5 둘러싼 밖을 먼저, 안을 나중에 써요

예) 丨 冂 冂 四 四 넷 사

6 꿰뚫는 획은 나중에 써요

예) 丨 丨 口 中 가운데 중

예) 乚 乃 乃 母 母 어머니 모

7 좌우에 삐침이 있을 땐 왼쪽 삐침을 먼저 써요

예) ノ 丷 乊 父　아버지 부

8 책받침은 맨 나중에 써요

예) 丶 丷 丷 丷 ㄨ 产 兯 首 首 首 峹 道 道　길 도

9 가로획과 세로획이 교차할 땐 가로획을 먼저 써요

예) 一 十　열 십

10 오른쪽 위의 점은 마지막에 써요

예) 一 ナ 大 犬　개 견

11 위쪽에 있는 점을 먼저 써요

예) ノ 亻 白 白 白　흰 백

12 바깥쪽에 있는 점을 먼저 써요

예) 丶 丷 少 火　불 화

차례

✎ 자연과 관련된 한자를 따라 써 보세요.

天 하늘 천
*부수 大
총 4획 　一 二 チ 天

天	天			
하늘 천	하늘 천			
			天	
				天

天	文	學		天	文	學
하늘 천	글월 문	배울 학		천	문	학

★ 우주의 구조, 천체의 생성과 진화 등을 전문적으로 연구하는 학문

天	生	緣	分		天	生	緣	分
하늘 천	날 생	인연 연	나눌 분		천	생	연	분

★ 하늘이 정해 준 인연

✏️ 자연과 관련된 한자를 따라 써 보세요.

地	땅 지
	*부수 土
	총 6획　一 十 土 圹 地 地

地	地		地		
땅 지	땅 지				
地				地	

地	方	地	方		
땅 지	모 방	지	방		

⭐ 수도 이외의 지역

地	下	水	地	下	水
땅 지	아래 하	물 수	지	하	수

⭐ 땅속에 있는 물. 우리가 마시는 물 대부분은 지하수나 강, 호수로부터 구해요.

✏️ 자연과 관련된 한자를 따라 써 보세요.

川	내 천
	*부수 川
	총 3획 丿 丿丨 川

川	川			
내 천	내 천			
			川	
	川			

名	山	大	川		名	山	大	川
이름 명	메/산 산	큰 대	내 천		명	산	대	천

★ 이름난 산과 큰 내. 수려한 자연을 묘사하는 데 쓰이는 표현이에요.

晝	夜	長	川		晝	夜	長	川
낮 주	밤 야	길 장	내 천		주	야	장	천

★ 밤낮으로 쉬지 않고 흐르는 시냇물과 같이 늘 잇따름. '쉬지 않고 계속'이라는 뜻이에요.

✏️ 자연과 관련된 한자를 따라 써 보세요.

草	草				
풀 초	풀 초				
		草			
					草

풀 초
*부수 艹
총 10획 　一 十 十 艹 芍 芍 芍 芇 苜 草

山	川	草	木	山	川	草	木
메/산 산	내 천	풀 초	나무 목	산	천	초	목

⭐ 산과 내와 풀과 나무. 즉 '자연'을 이르는 말이에요.

草	食	草	食				
풀 초	밥/먹을 식	초	식				

⭐ 주로 풀이나 푸성귀만 먹고 삶. 또는 고기를 섞지 않고 푸성귀로만 만든 음식

✐ 자연과 관련된 한자를 따라 써 보세요.

花

꽃 화

＊부수 ⺾

총 8획　一 十 ⺾ ⺾ 花 花 花

花	花			
꽃 화	꽃 화			
花			花	
			花	

花	草	花	草				
꽃 화	풀 초	화	초				

★ 꽃이 피는 풀과 나무. 관상용의 모든 식물을 통틀어 이르는 말

國	花	國	花				
나라 국	꽃 화	국	화				

★ 나라를 상징하는 꽃. 우리나라는 무궁화, 영국은 장미, 프랑스는 백합

✏️ 자연과 관련된 한자를 따라 써 보세요.

林	수풀 림(임)
	*부수 木
	총 8획　一 十 オ オ 术 朴 村 林

林	林				林
수풀 림(임)	수풀 림(임)				
		林			
	林				

山	林	山	林				
메/산 산	수풀 림(임)	산	림				

⭐ 산과 숲. 또는 산에 있는 숲

林	野	林	野				
수풀 림(임)	들 야	임	야				

⭐ 숲과 들을 아울러 이르는 말

✏ 자연과 관련된 한자를 따라 써 보세요.

然	그럴 연

*부수 灬 (火)

총 12획 丿 ク ク 夕 夕 夕 外 外 夕犬 夕犬 然 然

然					
그럴 연					

自	然				
스스로 자	그럴 연				

★ 세상에 스스로 존재하거나 우주에 저절로 이루어지는 모든 존재나 상태

天	然				
하늘 천	그럴 연				

★ 사람의 힘을 가하지 않은 상태

夕	**저녁 석**
	*부수 夕
	총 3획　ノ 勹 夕

夕	夕		夕		
저녁 석	저녁 석				
		夕			
夕					

秋	夕	秋	夕				
가을 추	저녁 석	추	석				

⭐ 한가위. 음력 팔월 보름날. 햅쌀로 송편을 빚고 햇과일 등의 음식을 장만하여 차례를 지내요.

夕	陽	夕	陽				
저녁 석	볕 양	석	양				

⭐ 저녁때의 햇빛. 또는 저녁때의 저무는 해

✎ 계절과 관련된 한자를 따라 써 보세요.

春	봄 춘
	*부수 日
	총 9획 一 二 三 声 夫 夫 春 春 春

春 봄 춘	春 봄춘			
	春			春
			春	

靑 푸를 청	春 봄 춘	靑 청	春 춘				

★ 한창 젊고 건강한 나이. 또는 그런 시절을 봄철에 비유하여 이르는 말

立 설 립(입)	春 봄 춘	立 입	春 춘				

★ 24절기의 하나로 이때부터 봄이 시작된다고 해요. 양력으로는 2월 4일경

✏ 계절과 관련된 한자를 따라 써 보세요.

夏

여름 하

*부수 夂

총 10획 一 一 一 一 万 百 百 百 夏 夏 夏

夏 여름 하	夏 여름 하				
夏				夏	
			夏		

夏 여름 하	至 이를 지	夏 하	至 지				

★ 24절기의 하나로 낮이 가장 길고 밤이 가장 짧다는 날. 양력 6월 21일경

夏 여름 하	季 계절 계	夏 하	季 계				

★ 여름의 시기. 여름철

✏️ 계절과 관련된 한자를 따라 써 보세요.

秋 **가을 추**

*부수 禾

총 9획 ノ 二 千 手 禾 禾 禾 秒 秋

秋	秋			
가을 추	가을 추			
		秋		
秋				秋

春	秋	春	秋				
봄 춘	가을 추	춘	추				

⭐ 봄과 가을을 아울러 이르는 말. 어른의 나이를 높여 부를 때도 써요.

一	日	三	秋	一	日	三	秋
한 일	날 일	석 삼	가을 추	일	일	삼	추

⭐ 하루가 삼 년 같다는 뜻으로, 몹시 애태우며 기다림을 이르는 말

冬

겨울 동

＊부수 冫

총 5획　丿 勹 夂 冬 冬

冬	冬			冬	
겨울 동	겨울 동				
冬					
					冬

立	冬	立	冬				
설 립(입)	겨울 동	입	동				

★ 24절기의 하나로 이때부터 겨울이 시작된다고 해요. 양력 11월 8일경

春	夏	秋	冬	春	夏	秋	冬
봄 춘	여름 하	가을 추	겨울 동	춘	하	추	동

★ 봄·여름·가을·겨울의 네 계절

✏️ 수와 관련된 한자를 따라 써 보세요.

百	**일백 백**				
	*부수 白				
	총 6획 　一 一 一 万 万 百 百				

百	百			百	
일백 백	일백 백				
	百				
				百	

百	方	百	方				
일백 백	모 방	백	방				

⭐ 여러 가지 방법. 또는 온갖 수단과 방도

數	百	數	百				
셈 수	일백 백	수	백				

⭐ 백의 여러 배가 되는 수

✏️ 수와 관련된 한자를 따라 써 보세요.

千					
일천 천	일천 천				

千: 일천 천
*부수 十
총 3획 ノ 二 千

千	字	文
일천 천	글자 자	글월 문

千	字	文
천	자	문

⭐ 중국 양나라 주흥사가 지은 책. 한자를 네 자씩 짝지어서 250개의 구로 모두 1,000자(字)로 된 시. 한문 학습의 입문서로 널리 쓰였어요.

一	攫	千	金
한 일	움킬 확	일천 천	쇠 금

一	攫	千	金
일	확	천	금

⭐ 단번에 천금을 움켜쥔다는 뜻으로, 힘들이지 않고 단번에 많은 재물을 얻음

✏️ 수와 관련된 한자를 따라 써 보세요.

算 셈 산

*부수 竹

종 14획 ノ ナ ⺮ ⺮ ⺮ ⺮ ⺮ ⺮ 笪 笪 笪 算 算

算				
셈 산				
			算	
	算			算

算	出						
셈 산	날 출						

⭐ 계산하여 냄. '성적을 산출하다' '경비를 산출하다'처럼 쓰여요.

心	算						
마음 심	셈 산						

⭐ 마음속으로 하는 궁리나 계획. 속셈이라고도 하죠.

✏️ 수와 관련된 한자를 따라 써 보세요.

數 셈 수

＊부수 攵(攴)

총 15획　丶 口 田 田 兕 兕 串 曲 婁 婁 婁 婁 數 數

數	數				
셈 수	셈 수				
數				數	
	數				

數	日	間	數	日	間
셈 수	날 일	사이 간	수	일	간

★ 두서너 날 동안

數	學	數	學		
셈 수	배울 학	수	학		

★ 수량 및 공간의 성질에 관해 연구하는 학문. 초등학교에서 배우는 '수와 연산, 도형, 측정, 규칙성, 자료와 가능성' 등이 여기에 속해요.

✏️ 상태와 관련된 한자를 따라 써 보세요.

同	한가지 동
	*부수 口
	총6획 ㅣ 冂 冂 同 同 同

同	同			
한가지 동	한가지 동			
	同			同
同				

同	生	同	生				
한가지 동	날 생	동	생				

⭐ 같은 부모에게서 태어난 자식 가운데 나이가 적은 사람

一	同	一	同				
한 일	한가지 동	일	동				

⭐ 어떤 단체나 모임의 모든 사람

少 **적을 소**

*부수 小

총 4획   丿 丿 小 少

少	少		少		
적을 소	적을 소				
			少		
少					

少	數		少	數	
적을 소	셈 수		소	수	

★ 적은 수

男	女	老	少	男	女	老	少
사내 남	여자 녀(여)	늙을 로(노)	적을 소	남	녀	노	소

★ 남자와 여자, 늙은이와 젊은이란 뜻으로, 모든 사람을 이르는 말이에요.

✏️ 상태와 관련된 한자를 따라 써 보세요.

有	있을 유
	*부수 月
	총6획　一 ナ 才 有 有 有

有	有				有
있을 유	있을 유				
有					
					有

有	力	有	力				
있을 유	힘 력(역)	유	력				

★ 세력이나 재산이 있음

有	口	無	言	有	口	無	言
있을 유	입 구	없을 무	말씀 언	유	구	무	언

★ 입은 있어도 말은 없다는 뜻으로, 변명할 말이 없거나 변명을 못함을 이르는 말이에요.

✏️ 상태와 관련된 한자를 따라 써 보세요.

來	올 래(내)
	*부수 人
	총 8획　一　厂　万　厷　厷　來　來　來

來	來				來
올 래(내)	올 래(내)				
			來		
	來				

來	日	來	日				
올 래(내)	날 일	내	일				

⭐ 오늘의 바로 다음 날

外	來	外	來				
바깥 외	올 래(내)	외	래				

⭐ 밖에서 옴. 환자가 입원하지 않고 병원에 다니면서 치료를 받는 걸 말하기도 해요.

✏️ 상태와 관련된 한자를 따라 써 보세요.

重 무거울 중

*부수 里

총 9획 ノ 二 千 千 台 台 台 重 重

重 무거울 중	重 무거울 중				
				重	
	重				

所 바 소	重 무거울 중	所 소	重 중				

⭐ 아껴야 할 정도로 매우 귀하고 중요함

自 스스로 자	重 무거울 중	自 자	重 중				

⭐ 말이나 행동, 몸가짐 등을 신중하게 함

色 빛 색

*부수 色

총 6획 ノ ク ク ク ク 色 色

色 빛 색	色 빛 색				色
	色				
					色

正 바를 정	色 빛 색	正 정	色 색				

★ 얼굴에 엄격하고 바른 빛을 나타냄. 장난끼없이 진지함

男 사내 남	中 가운데 중	一 한 일	色 빛 색	男 남	中 중	一 일	色 색

★ 남자의 얼굴이 썩 뛰어나게 잘생김. 또는 그런 사람

✏️ 사람과 관련된 한자를 따라 써 보세요.

口
입 구

*부수 口

총 3획 ㅣ ㄇ 口

口 입 구	口		口		
口			口		

出	口	出	口				
날 출	입 구						

⭐ 밖으로 나갈 수 있는 통로

口	語	口	語				
입 구	말씀 어						

⭐ 글에서만 쓰는 말이 아닌, 일상적인 대화에서 쓰는 말

✏️ 사람과 관련된 한자를 따라 써 보세요.

面

낯 면

*부수 面

총 9획 一 ァ ァ 币 币 面 面 面 面

面	面		面		
낯 면	낯 면				
面				面	

面	前	面	前				
낯 면	앞 전	면	전				

⭐ 보는 앞. 눈 앞

一	面	一	面				
한 일	낯 면	일	면				

⭐ 물체나 사람의 한 면. 또는 일의 한 방면

✏️ 사람과 관련된 한자를 따라 써 보세요.

心		마음 심
		*부수 心
		총 4획　丶 心 心 心

心	心				
마음 심	마음 심				
	心			心	
			心		

中	心	地	中	心	地
가운데 중	마음 심	땅 지	중	심	지

⭐ 어떤 일이나 활동의 중심이 되는 곳

安	心	安	心				
편안 안	마음 심	안	심				

⭐ 모든 걱정을 떨쳐 버리고 마음을 편히 가짐

✏️ 사람과 관련된 한자를 따라 써 보세요.

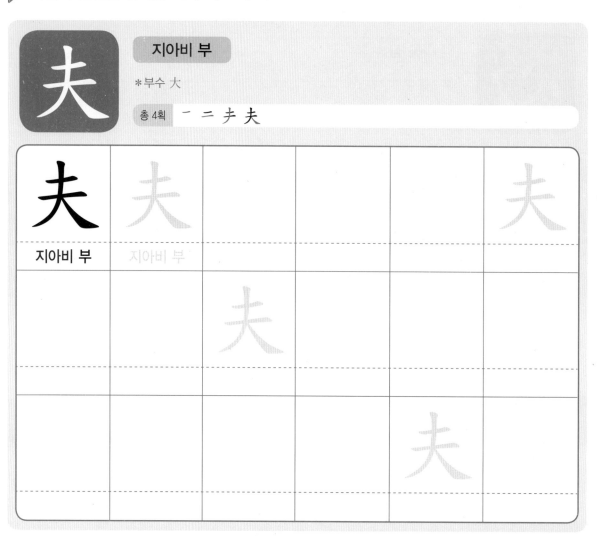

夫					夫
지아비 부	지아비 부				
		夫			
				夫	

十	年	工	夫		十	年	工	夫
열 십	해 년	장인 공	지아비 부		십	년	공	부

⭐ 열 해 동안, 즉 오랜 세월을 두고 쌓은 공

夫	人	夫	人			
지아비 부	사람 인	부	인			

⭐ 남의 아내를 높여 이르는 말이에요.

32

✏️ 사람과 관련된 한자를 따라 써 보세요.

老	늘을 로(노)
	*부수 老
	총 6획　一　ナ　土　少　老　老

老 늙을 로(노)	老 늘을 로(노)		老	

老	老

老	人	老	人				
늙을 로(노)	사람 인	로	인				

⭐ 나이가 들어 늙은 사람

不	老	長	生	不	老	長	生
아닐 불/부	늙을 로(노)	긴 장	날 생	불	로	장	생

⭐ 늙지 않고 오래 삶

✏️ 사람과 관련된 한자를 따라 써 보세요.

祖	할아버지 조
	*부수 示
	총 10획　一 二 テ テ 示 利 利 利 祖 祖

祖	祖		祖		
할아버지 조	할아버지 조				
				祖	
	祖				

祖	父	母	祖	父	母
할아버지 조	아버지 부	어머니 모	조	부	모

⭐ 할아버지와 할머니를 아울러 이르는 말

祖	上	祖	上				
할아버지 조	윗 상	조	상				

⭐ 돌아간 어버이 위로 대대의 어른

✏️ 사람과 관련된 한자를 따라 써 보세요.

命	목숨 명
	*부수 口
	총 8획　ノ 人 人 人 合 合 命 命

命	命			命	
목숨 명	목숨 명				
	命				命

命	名	命	名		
목숨 명	이름 명	명	명		

⭐ 사람, 사물, 사건 등의 대상에 이름을 지어 붙임

命	中	命	中		
목숨 명	가운데 중	명	중		

⭐ 화살이나 총알 따위가 겨냥한 곳에 바로 맞음

✏️ 사람과 관련된 한자를 따라 써 보세요.

便

편할 편 / 똥오줌 변

＊부수 人

총 9획   ノ 亻 亻 亻 𠂉 侕 侕 便 便

便
편할 편/똥오줌 변

便 紙
편할 편 | 종이 지

★ 소식을 알리거나 용건을 적어 보내는 글

便 所
똥오줌 변 | 바 소

★ 대소변을 보도록 만들어 놓은 곳. 요즘엔 '화장실'이 더 많이 쓰이는 표현이죠.

✏️ 사람과 관련된 한자를 따라 써 보세요.

主

주인/임금 주

＊부수 丶

총 5획　丶　亠　二　宇　主

主	主				
주인/임금 주	주인/임금 주				
	主		主		
					主

主	人	主	人				
주인/임금 주	사람 인						

⭐ 대상이나 물건 따위를 소유한 사람

主	食	主	食				
주인/임금 주	밥/먹을 식						

⭐ 밥이나 빵과 같이 끼니에 주로 먹는 음식

✏️ 마을과 관련된 한자를 따라 써 보세요.

住	살 주
	*부수 人
	총 7획 ノ 亻 亻 亻 住 住 住

住	住		住		
살 주	살 주				
住			住		

住	所	地	住	所	地
살 주	바 소	땅 지	주	소	지

⭐ 법률상 등록된 행정 구역이 있는 장소. 거주하는 장소

安	住	安	住				
편안 안	살 주	안	주				

⭐ 한곳에 자리를 잡고 편안히 삶

✏️ 마을과 관련된 한자를 따라 써 보세요.

所				

바 소

＊부수 戶

총 8획 ′ 𠂆 𠂆 𡰠 𡰠 𢆟 所 所

所	所			所
바 소	바 소			
		所		
		所		

所	有	所	有				
바 소	있을 유	소	유				

⭐ 가지고 있음

所	生	所	生				
바 소	날 생	소	생				

⭐ 자기가 낳은 아들이나 딸

✏️ 마을과 관련된 한자를 따라 써 보세요.

里		
마을 리		
*부수 里		
총 7획	㇐ ㇑ 口 曱 日 旦 里 里	

里	里			里	
마을 리	마을 리				

		里			

里					

千	里	馬	千	里	馬
일천 천	마을 리	말 마	천	리	마

⭐ 하루에 천 리(약 393km)를 달릴 수 있을 정도로 좋은 말

里	長	里	長		
마을 리	긴 장	이	장		

⭐ 행정 구역의 단위인 '리'(里)를 대표하여 일을 맡아보는 사람

✏️ 마을과 활동과 관련된 한자를 따라 써 보세요.

村				
村 마을 촌	村		村	村
		村		
	村			

마을 촌
*부수 木
총 7획 一 十 才 才 木 村 村

農	村		
농사 농	마을 촌		

⭐ 주민의 대부분이 농업에 종사하는 마을이나 지역

面	面	村	村	面	面	村	村
낯 면	낯 면	마을 촌	마을 촌				

⭐ 한 군데도 빠짐없이 모든 곳. 방방곡곡

✏️ 마을과 활동과 관련된 한자를 따라 써 보세요.

洞	골 동 / 밝을 통
	*부수 氵
	총 9획　　丶 冫 氵 沪 沪 洞 洞 洞 洞

洞	洞			洞
골 동/밝을 통	골 동/밝을 통			
			洞	
	洞			

洞	口	洞	口				
골 동	입 구	동	구				

⭐ 동네 어귀. "동구 밖~ 과수원 길~ 아카시아 꽃이 활짝 폈네~"

洞	察	力	洞	察	力
밝을 통	살필 찰	힘 력	통	찰	력

⭐ 사물이나 현상을 통찰하는 능력

✏️ 마을과 관련된 한자를 따라 써 보세요.

邑	고을 읍
	*부수 邑
	총 7획 ﹁ ﹁ ﹁ 므 무 뮤 뮴 邑

邑	邑				
고을 읍	고을 읍				
	邑				
					邑	邑

邑	內	邑	內				
고을 읍	안 내	읍	내				

⭐ 읍의 구역 안

都	邑	地	都	邑	地		
도읍 도	고을 읍	땅 지	도	읍	지		

⭐ 한 나라의 서울로 삼은 곳. 조선은 한양을 도읍지로 정하고 둘레에 성을 쌓았어요.

✏️ 글자와 관련된 한자를 따라 써 보세요.

文					
글월 문					

글월 문

*부수 文

총 4획　 ` 一 ナ 文

文學				
글월 문	배울 학			

⭐ 사상이나 감정을 언어로 표현한 예술이나 작품. 시, 소설, 희곡, 수필, 평론 등이 있죠.

文物				
글월 문	물건 물			

⭐ 문화의 산물. 정치, 경제, 종교, 예술, 법률 등의 문화에 관한 모든 것을 통틀어 이르는 말이에요.

字

글자 자

*부수 子

총 6획 　丶　丷　宀　宁　字　字

字	字			字	
글자 자	글자 자				
	字				
					字

文	字	文	字				
글월 문	글자 자	글	자				

★ 인간의 언어를 적는 데 사용하는 기호 체계. 한자 등의 표의 문자와 로마자, 한글 등의 표음 문자로 나뉘어요.

數	字	數	字				
셈 수	글자 자	수	자				

★ 수를 나타내는 글자. 한글로는 사이시옷이 적용되어서 '숫자'라고 쓰죠.

✏️ 글자와 관련된 한자를 따라 써 보세요.

紙					

종이 지

*부수 糸

총 10획 ㄥ ㄠ ㄠ ㄠ ㄠ 糸 糸 紅 紅 紙

紙	紙			紙	
종이 지	종이 지				
		紙			
紙					

紙	面	紙	面				
종이 지	낯 면	지	면				

★ 종이의 겉면. 보통은 기사나 글이 실리는 인쇄물의 면을 말해요.

休	紙	休	紙				
쉴 휴	종이 지	휴	지				

★ 쓸모없는 종이. 또는 밑을 닦거나 코를 푸는 데 허드레로 쓰는 얇은 종이

✏️ 글자와 관련된 한자를 따라 써 보세요.

旗

기 기

*부수 方

총 14획 丶 丶 方 方 方 方 方 旗 旗 旗 旗 旗 旗

旗
기 기

國	旗
나라 국	기 기

⭐ 우리나라의 태극기, 미국의 성조기, 일본의 일장기 등 나라를 상징하는 기

旗	手
기 기	손 수

⭐ 행사 때 대열의 앞에 서서 기를 드는 일을 맡은 사람

✏️ 사람의 활동과 관련된 한자를 따라 써 보세요.

入	學	式
들 입	배울 학	법 식

入	學	式
입	학	식

★ 입학할 때에 신입생을 모아 놓고 하는 의식

入	力		
들 입	힘 력(역)		

入	力		
입	력		

★ 보통 정보 · 통신 문자나 숫자를 컴퓨터가 기억하게 하는 일을 말해요.

✏️ 사람의 활동과 관련된 한자를 따라 써 보세요.

出	날 출
	*부수 凵
	총 5획 丨 屮 屮 出 出

出	出		出		
날 출	날 출				
				出	
出					

外	出	外	出		
바깥 외	날 출	외	출		

⭐ 집에서 벗어나 잠시 밖으로 나감

不	世	出	不	世	出
아닐 불/부	인간 세	날 출	불	세	출

⭐ 좀처럼 세상에 나타나지 않을 만큼 뛰어남. 와~우!

育

기를 육

＊부수 月(肉)

총 8획　`丶 亠 云 云 云 育 育 育`

育	育		育	
기를 육	기를 육			
		育		
				育

敎	育	敎	育				
가르칠 교	기를 육	교	육				

⭐ 지식과 기술 등을 가르치며 인격을 길러 줌

育	林	育	林				
기를 육	수풀 림	육	림				

⭐ 나무를 심거나 씨를 뿌려 인공적으로 나무를 가꾸는 일

✏️ 사람의 활동과 관련된 한자를 따라 써 보세요.

植	심을 식
	*부수 木
	총 12획 一 十 才 才 术 扩 扩 枏 枏 植 植 植

植	植		植		
심을 식	심을 식				
	植				
				植	

植	木	日	植	木	日
심을 식	나무 목	날 일	식	목	일

⭐ 나무를 많이 심고 아껴 가꾸도록 권장하기 위해 국가에서 정한 날. 4월 5일

植	物	植	物				
심을 식	물건 물	식	물				

⭐ 나무와 풀 등 심을 수 있는 것

✏️ 사람의 활동과 관련된 한자를 따라 써 보세요.

休

쉴 휴

＊부수 人

총 6획 ノ 亻 亻 仁 什 休

休	休				休
쉴 휴	쉴 휴				
			休		
休					

公	休	日		公	休	日
공평할 공	쉴 휴	날 일		공	휴	일

★ 국가나 사회에서 정해 다 함께 쉬는 날. 일요일, 삼일절, 설날, 추석, 어린이날 등이 있어요.

年	中	無	休		年	中	無	休
해 년(연)	가운데 중	없을 무	쉴 휴		연	중	무	휴

★ 일 년 내내 하루도 쉬는 날이 없음

✏️ 사람의 활동과 관련된 한자를 따라 써 보세요.

登 | 오를 등
*부수 癶
총 12획 : ꜀ ꜀ ꜀ ꜀ ꜀ ꜀ ꜀ 登 登 登 登 登

登				
오를 등				

登	山		
오를 등	메/산 산		

★ 산에 오르는 것

登	場	人	物				
오를 등	마당 장	사람 인	물건 물				

★ 연극, 영화, 소설 등에 나오는 인물

✎ 사람의 활동과 관련된 한자를 따라 써 보세요.

語

말씀 어

*부수 言

총 14획 ` ˋ ˊ ㆍ 言 言 言 言 訁 評 語 語 語 語

語	語			
말씀 어	말씀 어			
	語			語
	語			

主	語	主	語				
주인/임금 주	말씀 어	주	어				

★ 주요 문장 성분의 하나로, 술어가 나타내는 동작이나 상태의 주체가 되는 말. '철수가 운동을 한다.'에서 '철수가' 이죠.

外	國	語	外	國	語
바깥 외	나라 국	말씀 어	외	국	어

★ 다른 나라의 말

✏️ 사람의 활동과 관련된 한자를 따라 써 보세요.

問	물을 문
	*부수 口
	총11획　丨　冂　冂　冋　冋　冋　門　門　門　問　問

問	問		問	
물을 문	물을 문			
			問	
問				

東	問	西	答
동녘 동	물을 문	서녘 서	대답 답

東	問	西	答
동	문	서	답

★ 물음과는 전혀 상관없는 엉뚱한 대답

問	安	問	安		
물을 문	편안 안	문	안		

★ 웃어른께 안부를 여쭈거나 그런 인사를 말해요.

✏️ 사람의 활동과 관련된 한자를 따라 써 보세요.

歌

노래 가

*부수 欠

총 14획　一 丆 亓 亓 可 可 哥 哥 哥 哥 哥 歌 歌 歌

歌	歌			歌	
노래 가	노래 가				
			歌		
歌					

歌	手	歌	手				
노래 가	손 수	가	수				

⭐ 노래 부르는 것이 직업인 사람

軍	歌	軍	歌				
군사 군	노래 가	군	가				

⭐ 군대의 사기를 북돋우기 위해 부르는 노래

歌		校		旗	
노래 가		학교 교		기 기	
家		九		南	
집 가		아홉 구		남녘 남	
間		口		男	
사이 간		입 구		사내 남	
江		國		內	
강 강		나라 국		안 내	
車		軍		女	
수레 거/차		군사 군		여자 녀(여)	
工		金		年	
장인 공		쇠 금/성씨 김		해 년(연)	
空		記		農	
빌 공		기록할 기		농사 농	
敎		氣		答	
가르칠 교		기운 기		대답 답	

大		力		名	
큰 대		힘 력(역)		이름 명	
道		老		命	
길 도		늙을 로(노)		목숨 명	
冬		六		母	
겨울 동		여섯 륙(육)		어머니 모	
同		里		木	
한가지 동		마을 리		나무 목	
洞		林		文	
골 동/밝을 통		수풀 림(임)		글월 문	
東		立		門	
동녘 동		설 립(입)		문 문	
動		萬		問	
움직일 동		일만 만		물을 문	
登		每		物	
오를 등		매양 매		물건 물	
來		面		民	
올 래(내)		낯 면		백성 민	

方		山		姓	
모 방		메/산 산		성 성	
白		算		世	
흰 백		셈 산		인간 세	
百		三		所	
일백 백		석 삼		바 소	
父		上		小	
아버지 부		윗 상		작을 소	
夫		色		少	
지아비 부		빛 색		적을 소	
北		生		水	
북녘 북		날 생		물 수	
不		西		手	
아닐 불/부		서녘 서		손 수	
四		夕		數	
넉 사		저녁 석		셈 수	
事		先		時	
일 사		먼저 선		때 시	

市		五		二	
저자 시		다섯 오		두 이	
食		午		人	
밥/먹을 식		낮 오		사람 인	
植		王		一	
심을 식		임금 왕		한 일	
室		外		日	
집 실		바깥 외		날 일	
心		右		入	
마음 심		오른 우		들 입	
十		月		自	
열 십		달 월		스스로 자	
安		有		子	
편안 안		있을 유		아들 자	
語		育		字	
말씀 어		기를 육		글자 자	
然		邑		長	
그럴 연		고을 읍		긴 장	

場		主		天	
마당 장		주인/임금 주		하늘 천	
電		住		靑	
번개 전		살 주		푸를 청	
前		中		草	
앞 전		가운데 중		풀 초	
全		重		寸	
온전 전		무거울 중		마디 촌	
正		地		村	
바를 정		땅 지		마을 촌	
弟		紙		秋	
아우 제		종이 지		가을 추	
祖		直		春	
할아버지 조		곧을 직		봄 춘	
足		川		出	
발 족		내 천		날 출	
左		千		七	
왼 좌		일천 천		일곱 칠	

土 흙 토		海 바다 해			
八 여덟 팔		兄 형 형			
便 편할 편		火 불 화			
平 평평할 평		花 꽃 화			
下 아래 하		話 말씀 화			
夏 여름 하		活 살 활			
學 배울 학		孝 효도 효			
韓 나라/한국 한		後 뒤 후			
漢 한수/한나라 한		休 쉴 휴			

✎ 모양이 비슷한 한자들을 구분하여 읽고 따라 써 보세요.

工	工			母	母		
장인 공	장인 공			어머니 모	어머니 모		

江	江			每	每		
강 강	강 강			매양 매	매양 매		

空	空			海	海		
빌 공	빌 공			바다 해	바다 해		

門	門			白	白		
문 문	문 문			흰 백	흰 백		

問	問			百	百		
물을 문	물을 문			일백 백	일백 백		

間	間			自	自		
사이 간	사이 간			스스로 자	스스로 자		

王	王			人	人		
임금 왕	임금 왕			사람 인	사람 인		

主	主			入	入		
주인/임금 주	주인/임금 주			들 입	들 입		

住	住			八	八		
살 주	살 주			여덟 팔	여덟 팔		

車	車		
수레 거/차	수레 거/차		

軍	軍		
군사 군	군사 군		

老	老		
늙을 로(노)	늙을 로(노)		

孝	孝		
효도 효	효도 효		

邑	邑		
고을 읍	고을 읍		

色	色		
빛 색	빛 색		

重	重		
무거울 중	무거울 중		

動	動		
움직일 동	움직일 동		

天	天		
하늘 천	하늘 천		

夫	夫		
지아비 부	지아비 부		

同	同		
한가지 동	한가지 동		

洞	洞		
골 동/밝을 통	골 동/밝을 통		

小	小		
작을 소	작을 소		

少	少		
적을 소	적을 소		

全	全		
온전 전	온전 전		

金	金		
쇠금/성씨 김	쇠금/성씨 김		

直	直		
곧을 직	곧을 직		

植	植		
심을 식	심을 식		

寸	寸		
마디 촌	마디 촌		

村	村		
마을 촌	마을 촌		

✏️ 비슷한 뜻을 가진 한자들을 읽고 따라 써 보세요.

家		室		洞		里	
집 가		집 실		골 동		마을 리	

同		一		方		道	
한가지 동		한 일		모 방		길 도	

算		數		生		出	
셈 산		셈 수		날 생		날 출	

安		全		正		直	
편안 안		온전 전		바를 정		곧을 직	

村		里		土		地	
마을 촌		마을 리		흙 토		땅 지	

便		安		平		安	
편할 편		편안 안		평평할 평		편안 안	

✎ 반대의 뜻을 가진 한자들을 읽고 따라 써 보세요.

南		北	
남녘 남		북녘 북	

大		小	
큰 대		작을 소	

女		男	
여자 녀(여)		사내 남	

東		西	
동녘 동		서녘 서	

老		少	
늙을 로(노)		적을 소	

母		父	
어머니 모		아버지 부	

問		答	
물을 문		대답 답	

民		王	
백성 민		임금 왕	

山		江	
메/산 산		강 강	

山		川	
메/산 산		내 천	

上		下	
윗 상		아래 하	

先		後	
먼저 선		뒤 후	

水		火		手		足
물 수		불 화		손 수		발 족
外		內		日		月
바깥 외		안 내		날 일		달 월
入		出		前		後
들 입		날 출		앞 전		뒤 후
弟		兄		左		右
아우 제		형 형		왼 좌		오른 우
天		地		春		秋
하늘 천		땅 지		봄 춘		가을 추
夏		冬		學		敎
여름 하		겨울 동		배울 학		가르칠 교

스스로 급수한자 6급Ⅱ 신습한자

各	角	界	計	高	公	共	功	果	科
각각 각	뿔 각	경계 계	셀 계	높을 고	공평할 공	함께 공	공 공	실과 과	과목 과
光	球	今	急	短	堂	代	對	圖	讀
빛 광	공 구	이제 금	급할 급	짧을 단	집 당	대신 대	대할 대	그림 도	읽을 독
童	等	樂	利	理	明	聞	半	反	班
아이 동	무리 등	즐길 락(낙)	이로울 리(이)	다스릴 리(이)	밝을 명	들을 문	반 반	돌이킬 반	나눌 반
發	放	部	分	社	書	線	雪	成	省
필 발	놓을 방	떼 부	나눌 분	모일 사	글 서	줄 선	눈 설	이룰 성	살필 성
消	術	始	信	新	神	身	弱	藥	業
사라질 소	재주 술	비로소 시	믿을 신	새 신	귀신 신	몸 신	약할 약	약 약	업 업
勇	用	運	音	飮	意	作	昨	才	戰
날랠 용	쓸 용	옮길 운	소리 음	마실 음	뜻 의	지을 작	어제 작	재주 재	싸움 전
庭	第	題	注	集	窓	淸	體	表	風
뜰 정	차례 제	제목 제	부을 주	모을 집	창 창	맑을 청	몸 체	겉 표	바람 풍
幸	現	形	和	會					
다행 행	나타날 현	모양 형	화할 화	모일 회					

※ 6급Ⅱ 배정한자는 총 225자입니다(7급 배정단어 150자 + 6급Ⅱ 신습한자 75자)
※ 6급Ⅱ 쓰기 배정한자 50자 = 8급 50자(쓰기 배정한자는 한두 급수 아래의 읽기 배정한자이거나 그 범위 내에 있음)